Valentina Kurscheid

Snacks for Cats

**Blitzrezepte
für Katzenleckerlis**

Ulmer

Inhalt

Das Beste für meine Katze

Dieser starre Blick, hochkonzentriert, die Schwanzspitze leicht wedelnd und in jeder Sekunde absprungbereit. Wenn Sunny Boy nicht gleich den saftigen Lachssnack vernaschen darf, springt der rötliche Kater trotzdem los und versucht, den leckeren Happen mit seinen Krallen zu erwischen. Allein schon der intensive Fischgeruch lockt selbst den müdesten Stubentiger hinterm Ofen hervor. Sunny Boy ist ein echter Wohnungskater, das heißt, er verbringt den lieben langen Tag in den eigenen vier Wänden. Es ist wichtig, solchen Katzen den Alltag schmackhafter zu machen, wobei sich natürlich auch tägliche Freigänger über feine Verwöhnhäppchen freuen. Da aber alle Samtpfoten bekanntlich Schleckermäuler sind, muss jeder Katzenbesitzer erst einmal herausfinden, was sein Liebling gerne mag.

Ob mit Thunfisch, Rinderfilet oder Hühnerherzen: Hier im Buch werden viele unterschiedliche Snacks vorgestellt, die alle von verschiedenen Samtpfoten getestet und auch tierärztlich überprüft wurden. Alle Rezepte lassen sich kinderleicht nachmachen. Wer Spaß hat, seiner schnurrenden Fellnase mal ein paar Thunfisch-Drops, Hühner-Knöpfchen oder Rindfleisch-Herzen zu kredenzen, ist hier genau richtig. Hinzukommen wertvolle Futter- und Fresstipps für ältere und junge Katzen. Die meisten Katzenkekse sind dabei nicht unbedingt für die Futterschüssel gedacht, denn Katzen wollen vor allem ihren Jagdtrieb ausleben. Am besten geht dies, wenn sie ihr Futter „erarbeiten" müssen. So gibt's hier im Buch auch einige Tipps, wie die kleinen Knuspereien für die Katze beispielsweise in der Wohnung versteckt werden können.

Alle Rezepte verstehen sich als Snack für zwischendurch, ersetzen also keine Hauptmahlzeit. Sie sind aber garantiert abwechslungsreich, frisch und super lecker – und das ohne künstliche Zusatzstoffe: Kein Wunder, dass Sunny Boy und Co. es kaum erwarten können, solche Snacks zu erhaschen. Also ran an die Zutaten und einfach mal die Küche zu einem Katzen-gourmet-Tempel umfunktionieren. Verwöhnen Sie Ihren Stubentiger, so ist auf jeden Fall nicht „alles für die Katz" …

Spaß beim Backen: In der Küche ist tierisch was los.

Busy and **happy**

Intro

Glücklich beschäftigt – Tipps zum Belohnen

Spannend ist, wenn die Katze kleine Leckereien als Beute ansieht und sich auf die Jagd machen muss, um sie zu erwischen. Wenn also keine Maus zwischen Küche und Wohnzimmer herumspringt, sollten sich die Zweibeiner etwas Anregendes für ihre Stubentiger ausdenken.

überall dort, wo sich die Samtpfote den ganzen Tag aufhält. Am Abend können Sie dann kontrollieren, ob Ihr Liebling alle Verstecke ausfindig gemacht hat. Achten Sie auf jeden Fall darauf, dass immer genügend frisches Wasser in der Wohnung bereitsteht.

Snack-Versteck

Viele Katzen bekommen ihr Fressen, egal, ob Trocken- oder Dosenfutter, im Futternapf angeboten. Und das meist zweimal am Tag. Doch Katzen sollten besser über den Tag verteilt kleine Portionen zum Fressen bekommen. Selbst gemachte Snacks sind da genau das Richtige. Wie wäre es, dem Stubentiger die knusprigen Leckereien einfach in der Wohnung zu verstecken? Katzen setzen gerne mal ihre Nase ein und werden dann nacheinander fündig. Neben den Tischbeinen, auf der Fensterbank, im Flur, auf dem Kratzbaum –

Futter als Beute

Eine andere Möglichkeit ist, das Futter so zu verstecken, dass die Katze es jagen und fangen muss. Nehmen Sie hier zum Beispiel einen kleinen Plastikbecher mit Verschluss, etwa einen Zahnstocherbecher oder eine runde kleine Frischhaltedose. Bohren Sie mit einem Schraubenzieher in die Wand ein kleines Loch hinein (so groß, dass die Leckerchen herausrollen können) und füllen Sie den Becher mit ein paar selbst gemachten Keksen. Dann zeigen Sie Ihrer Katze das neue Fress-Spielzeug, indem sie erst einmal ausgiebig daran schnuppern darf. Nun legen Sie die Dose auf den

Die Katze ist glücklich, wenn sie beschäftigt wird.

Sasu hält immer Ausschau nach Futter.

Katzenkekse dürfen nicht zu groß sein.

Der Clicker hilft beim Training.

Boden und stupsen diese an. Es wird nicht lange dauern, bis Ihre Fellnase versteht, wie das Futterbeutespielchen funktioniert. Mit viel Geschick wird sie versuchen, den Becher zum Rollen zu bringen, sodass nacheinander die Leckereien herauspurzeln.

Intelligenzspiele

Intelligenzspiele mit anschließender Belohnung helfen Mieze, ihre Langeweile zu vertreiben. Oben wurde beschrieben, wie die Snacks einfach in der Wohnung verteilt werden können, sodass die Katze sie suchen muss. Noch spannender wird es, wenn auf einem begrenzten Abschnitt der Wohnung ein kleiner sogenannter Spiel-Such-Parcours aufgebaut wird. Das fördert sogar zusätzlich die Mensch-Tier-Beziehung. Hier können Sie zum Beispiel mit Kartons und Toilettenpapierrollen selbst etwas basteln (siehe Seite 60/61). Darin werden ein paar Leckerchen versteckt. Ihre Katze wird versuchen, die Beute zu „erpföteln", dabei ist viel Geschick

Auf die Größe kommt es an
Katzen haben ein viel kleineres Maul als Hunde, deswegen dürfen die Kekse nicht zu groß sein. Dies gilt vor allem für die Gebackenen. Eine 1-Cent-Münze hilft dabei, die Größe im Auge zu behalten.

gefragt. Das Beste zum Schluss: Ihr Stubentiger erhält mit seinem Fummeln direkt die Belohnung für seine Bemühungen. Das ist geistige Motivation pur!

Clickertraining

Futter erarbeiten und gleichzeitig die Mensch-Tier-Beziehung fördern, das klappt am besten mit Clickertraining. Doch was ist Clickertraining genau? Hier hat der Besitzer einen Clicker (im Handel erhältlich) in der Hand, der vielen aus Kindheitstagen noch als eine Art „Knackfrosch" bekannt ist: ein Stahlblechstück, das beim Biegen ein Knackgeräusch erzeugt. Damit können Sie Ihrem Stubentiger entweder ein gewünschtes oder unerwünschtes Verhalten an- bzw. abtrainieren. Soll Ihre Katze also zum Beispiel auf Kommando vom Kratzbaum auf den Stuhl springen, locken Sie sie zunächst mit einem Leckerchen. Direkt nachdem sie gesprungen ist, drücken Sie auf den Clicker und geben ihr sofort ihre Belohnung. Es kommt also auf das richtige Timing an! So lernt Ihre Samtpfote, dass sie etwas richtig gemacht hat. Das Clickertraining ist absolut gewaltfrei, da es nur durch positive Bestärkung funktioniert. Doch nicht nur Kunststücke können der Katze „verclickert" werden: Sie können Ihrer Katze mit solch einem Training beispielsweise auch beibringen, angstfrei durch eine Katzenklappe oder in eine Transportbox zu gehen. Selbst eine entspannte Fellpflege (Bürsten, Zecken entfernen, Augen reinigen) klappt mithilfe eines erfolgreichen Clickertrainings einwandfrei.

Knusprige **Rindfleisch-Herzen**

Zutaten

4	EL Rinderhackfleisch
2	TL Leberwurst
1	Ei
8	EL Vollkornmehl
2	TL Magerquark

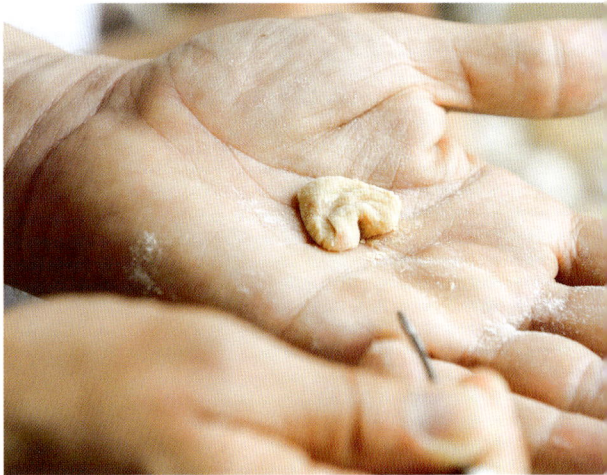

Die Kekse kommen von Herzen.

So geht's

1. Backofen ca. 5 Min. vorheizen (Umluft 180 °C, Ober- und Unterhitze 200 °C).

2. Das rohe Rindfleisch mit der Leberwurst in einer Schüssel vermischen.

3. Das Ei, das Mehl und den Quark unterheben und alles miteinander vermischen.

4. Kleine Teigstücke in die Hand nehmen und mit den Zeigefingern und dem Daumen kleine Herzen formen, diese dann etwas platt drücken.

5. Die Herzchen auf ein mit Backpapier ausgelegtes Backblech legen und ca. 25 Min. goldbraun backen (mittlere Schiene).

6. Alle Rinderfleisch-Herzen abkühlen lassen und dann servieren.

Die Zutaten reichen für zwei Backbleche.

Alternative
o *Mag Ihre Katze gerne Leberwurst, können Sie die Menge natürlich erhöhen.*

Aufbewahrung
o *In einer Blechdose oder in einem Baumwolltäschchen bis zu 14 Tage haltbar.*

Hühner-Bällchen à la Tyler

Zutaten

4	Hühnerherzen
1	kleine Kartoffel
8	EL Vollkornmehl
3	TL Sonnenblumenöl
1	Ei

Nicht zu groß formen
Die Katzenkekse sollten allerhöchstens etwa die Größe eines kleinen Fingernagels oder die eines Bröckelchens des gekauften Katzentrockenfutters haben.

Die Hühner-Bällchen sind ein knuspriger Snack für zwischendurch.

So geht's

1. Backofen ca. 5 Min. vorheizen (Umluft 180 °C, Ober- und Unterhitze 200 °C).

2. Die Hühnerherzen ganz klein schneiden, in eine Schüssel geben.

3. Kartoffel kochen, schälen, mit der Gabel klein drücken und zu den Hühnerherzen geben.

4. Andere restlichen Zutaten hinzugeben und mit einem Löffel vermischen.

5. Aus dem fertigen Teig kleine Bällchen formen.

6. Die Bällchen auf ein mit Backpapier ausgelegtes Backblech legen und auf der mittleren Schiene ca. 25 Min. goldbraun backen.

7. Alle Bällchen abkühlen lassen und der Katze zum Jagen anbieten.

Die Zutaten reichen für ein Backblech.

Aufbewahrung
o *In einer Blechdose oder in einem Baumwolltäschchen bis zu 14 Tage haltbar.*

Fütterungstipp
o *Zwei, drei ganze Hühnerherzen können Sie Ihrer Katze gerne auch direkt als Snack für zwischendurch anbieten. Den Rest der Hühnerherzen bitte direkt kühl stellen und spätestens nach zwei Tagen verfüttern. Hühnerherzen sind nicht lange haltbar und riechen recht schnell streng.*

Bekömmliche **Thunfisch-Drops**

Zutaten

70	g Thunfischfilet aus der Dose (natur, ungewürzt)
8	EL Vollkornmehl
1	TL Magerquark
1	TL Naturjoghurt
1	Ei

So geht's

1. Backofen ca. 5 Min. vorheizen (Umluft 180 °C, Ober- und Unterhitze 200 °C).

2. Alle Zutaten mit einem Löffel vermischen.

3. Aus dem festen Teig mit den Fingern kleine Drops formen.

4. Die Drops zwischen den Fingern hin- und herrollen, ab und an etwas Mehl hinzufügen, falls der Teig zu feucht sein sollte.

5. Die Drops auf ein mit Backpapier ausgelegtes Backblech legen und auf der mittleren Schiene ca. 15–20 Min. goldbraun backen.

6. Alle Drops abkühlen lassen und dann zum Vernaschen anbieten.

Die Zutaten reichen für zwei Backbleche.

Alternative
○ *Wer keinen Quark vorrätig hat, kann auch nur Joghurt verwenden und umgekehrt.*

Aufbewahrung
○ *In einer Blechdose oder in einem Baumwolltäschchen bis zu 14 Tage haltbar.*

Gehaltvolle **Lachs-Kekse**

Zutaten

4   *EL feine Haferflocken*

....

2   *EL Quark (20 % Fett)*

....

1   *EL Leitungswasser*

....

2   *Scheiben frischen Lachs*

....

4   *EL Weizenmehl*

....

So geht's

1. Backofen ca. 5 Min. vorheizen (Umluft 180 °C, Ober- und Unterhitze 200 °C).

2. Die Haferflocken mit dem Quark und dem Wasser vermischen und 5 Min. stehen lassen.

3. Die Lachsscheiben in kleine Stücke schneiden.

4. Restliche Zutaten in die Schüssel geben, alles vermischen.

5. Aus dem saftigen Teig mit zwei Teelöffeln kleine Kekse formen.

6. Die Kekse auf ein mit Backpapier ausgelegtes Backblech legen, auf der mittleren Schiene ca. 20 Min. goldbraun backen.

7. Alle Kekse abkühlen lassen und dann in der Wohnung verteilen.

Die Zutaten reichen für ein Backblech.

....

Alternative

○ *Wer möchte, kann auch Kräuter wie beispielsweise Petersilie oder Katzenminze klein hacken oder schneiden und unter den Teig mischen.*

○ *Anstatt des Weizenmehls können Sie auch gerne Dinkelmehl verwenden.*

....

Aufbewahrung

○ *In einer Blechdose oder in einem Baumwolltäschchen bis zu 7 Tage haltbar.*

....

Köstliche **Lamm-Sterne**

Zutaten

80 g Lammfleisch

10 EL Vollkornmehl

2 EL feine Haferflocken

2 EL Naturjoghurt

1 Ei

Nicht nur **zur Weihnachtszeit werden Sterne** gerne gefressen.

So geht's

1. Backofen ca. 5 Min. vorheizen (Umluft 180 °C, Ober- und Unterhitze 200 °C).

2. Das Fleisch in kleine Stücke schneiden.

3. Alle Zutaten in eine Schüssel geben.

4. Alles verrühren, um einen glatten Teig zu erhalten.

5. Aus dem Teig jeweils kleine Kugeln rollen, diese platt drücken und mit der linken Hand (Daumen und Zeigefinger) festhalten. Danach den Zeigefinger und den Daumen der rechten Hand dazunehmen und aus dem Teigstück 5 Sternespitzen herausziehen (bedarf etwas Geschick und Geduld).

6. Die Sterne auf ein mit Backpapier ausgelegtes Backblech legen und auf der mittleren Schiene ca. 20 Min. goldbraun backen.

7. Alle Sterne abkühlen lassen.

Die Zutaten reichen für ein Backblech.

Alternative
o *Wem diese Zubereitung von Sternen zu aufwendig ist, kann auch einfach kleine Kugeln formen.*

Aufbewahrung
o *In einer Blechdose oder in einem Baumwolltäschchen bis zu 14 Tage haltbar.*

Crosse **Leber-Sticks**

Zutaten

80	g Hühnerleber
10	EL Weizenmehl
1	EL Leitungswasser
1	EL klein gehackte Petersilie
1	Ei

Klebriger Teig
Ist der Teig zu klebrig, dann sollten Sie immer wieder etwas Mehl dazumischen.

So geht's

1. Backofen ca. 5 Min. vorheizen (Umluft 180 °C, Ober- und Unterhitze 200 °C).

2. Die Hühnerleber klein schneiden.

3. Leberstücke und die restlichen Zutaten in eine Schüssel geben, alles miteinander vermischen.

4. Aus dem Teig kleine dünne Sticks formen.

5. Die Sticks auf ein mit Backpapier ausgelegtes Backblech legen und auf der mittleren Schiene ca. 20 Min. goldbraun backen.

6. Alle Sticks abkühlen lassen und dann servieren.

Die Zutaten reichen für zwei Backbleche.

Alternative
o *Anstatt der Hühnerleber können Sie auch Fisch wie beispielsweise Thunfisch oder Lachs verwenden.*

Aufbewahrung
o *In einer Blechdose oder in einem Baumwolltäschchen bis zu 14 Tage haltbar.*

Tabeas **Forellen-Kräuter-Flakes**

Zutaten

80	g Forellenfilet geräuchert (ungewürzt)
2	EL Cornflakes
3	EL Vollkornmehl (Dinkel- oder Weizen)
1	EL Naturjoghurt
2	EL klein gehackte Kräuter (Petersilie, Salbei, Katzenminze)
2	EL Leitungswasser

Variieren Sie die Zutaten
Falls Ihre Katze keine Cornflakes mag, können Sie stattdessen auch feine Haferflocken verwenden.

So geht's

1. Backofen ca. 5 Min. vorheizen (Umluft 180 °C, Ober- und Unterhitze 200 °C).

2. Das Forellenfilet in kleine Stücke schneiden.

3. Cornflakes mit einem Löffel zerdrücken.

4. Forellenstückchen und die restlichen Zutaten in eine Schüssel geben, alles miteinander vermischen.

5. Aus dem Teig kleine Häufchen formen.

6. Die Häufchen auf ein mit Backpapier ausgelegtes Backblech legen und auf der mittleren Schiene ca. 20 Min. goldbraun backen.

7. Alle Häufchen abkühlen lassen und dann der hungrigen Katze anbieten.

Die Zutaten reichen für ein Backblech.

Alternative
○ *Anstatt des Forellenfilets können Sie auch Thunfisch- oder Seelachsfilet nehmen.*

Aufbewahrung
○ *In einer Blechdose oder in einem Baumwolltäschchen bis zu 7 Tage haltbar.*

Hier kann keine Katze widerstehen.

Quickly prepared

Schnell zubereitet – Fast Food mit Nährwert

Bei Fast Food denken wir oft automatisch an dicke Kalorienbomben, aber Fast Food kann auch super lecker und vor allem sehr nährreich sein. Es kommt eben auf die Zutaten an. Bei den folgenden Rezepten brauchen Sie keinen Backofen. Das heißt, Sie müssen nicht aufwendig Teig herstellen und dann noch die Backzeit und das Abkühlen abwarten, bis Ihre Samtpfote endlich davon naschen kann. Die leckeren Snacks sind also alle ganz schnell und frisch zubereitet. Doch Vorsicht: Sehr lange sind sie nicht haltbar. Zwei Tage können Sie die Reste im Kühlschrank aufbewahren, dann aber sollte Ihre Katze sie alle gefressen haben.

Welches Fleisch ist empfehlenswert?

Fleisch ist ein überaus wichtiger Bestandteil in der Katzenernährung. Hoher Eiweißgehalt ist bei Katzen notwendig, um Mangelerscheinungen vorzubeugen. Somit sollten Sie darauf achten, dass Ihr Stubentiger verdauliche gesunde Eiweißträger, etwa Muskelfleisch (zum Beispiel Herz) und Fisch, zu Fressen bekommt. Und wie sieht es mit rohem Fleisch aus? Oft ist zu hören, Rohes sei für Katzen ungesund. Doch das stimmt nicht ganz. Wenn dem so wäre, würden Katzen ihre gefangenen Mäuse ja erst einmal in den Kochtopf werfen, bevor sie in ihrem Magen landen ... Puten-, Hühnchen-, Wild- und Rindfleisch ist grundsätzlich zu empfehlen, am besten Bio-Ware. Doch Vorsicht: Der Katze auf gar keinen Fall rohes Schweinefleisch anbieten! Dieses kann den sogenannten Aujeszky-Virus enthalten. Menschen sind für diesen Virus nicht empfänglich, jedoch vor allem Hunde und Katzen. Die Aujeszky-Krankheit wird auch Pseudowut (Tierseuche) genannt, da das angesteckte Tier tollwutähnliche Symptome aufweist. Die Krankheit endet meistens tödlich.

Dürfen Katzen Hundefutter fressen?

Katzen sollten nicht mit Hundefutter gefüttert werden, da dessen Zusammensetzung nicht an ihre Bedürfnisse angepasst ist. Katzen haben nämlich im Vergleich zu Hunden einen viel höheren Eiweißbedarf. Außerdem gibt es einige Nährstoffe, die unsere Stubentiger nicht selber bilden können. Diese müssen sie dann zwangsläufig über ihre Nahrung aufnehmen. Dazu zählt das Vitamin A, die Aminosäure Taurin und die Fettsäure Arachidonsäure.

Der Katze scheint das Frische zu schmecken.

Schmackhaft und gesund – Küchenkräuter peppen Snacks lecker auf.

Futter bzw. Snacks direkt aus dem Kühlschrank?

Zum Aufbewahren ist der Kühlschrank perfekt. Magenschonender und angenehmer für Ihre Katze ist es jedoch, wenn Sie die Snacks zimmerwarm anbieten. Dann erst entfalten sich auch die Gerüche, und die Zutaten schmecken intensiver. Verschmäht ein Stubentiger die selbst gemachten Snacks, kann dies tatsächlich an der Futtertemperatur liegen. Nehmen Sie die Leckereien also besser mindestens 20 Minuten vorher aus dem Kühlschrank – dann wird Ihr Stubentiger gewiss zu einem echten Naschkätzchen.

Kräuter

Nicht jede Katze mag frische Kräuter, doch in Snacks verpackt, werden sie ganz gerne gefressen. Probieren Sie einfach mal aus, welche gesunden Grünpflanzen Ihrer Samtpfote am besten schmecken. Die gängigen Küchenkräuter sind eigentlich auch die beliebtesten Katzenkräuter. Hierzu zählen beispielsweise:

- *Petersilie*
- *Basilikum*
- *Minze*
- *Salbei*
- *Zyperngras*

Auch sehr beliebt:

- *Katzenminze*

Gerade Wohnungskatzen benötigen viel Abwechslung.

Mischen Sie die Kräuter einfach klein gehackt oder -geschnitten unter die Zutaten der Snacks: Auf alle „Felle" gesund und gut für die Verdauung! Kleiner Tipp: Sie können auch Katzengras im Fachhandel kaufen und unter die Zutaten geben.

Fütterungsmenge und -ablauf

Alle Snacks, die hier im Buch vorgestellt werden, verstehen sich als kleine Zwischenmahlzeiten. Somit bitte die Menge jeweils von der täglichen Futterration abziehen. Ansonsten könnte Ihr Stubentiger zu viel auf die Hüfte bekommen … Wichtig ist dabei auch immer ausreichend Bewegung. Beschäftigen Sie Ihren Liebling erst eine Runde, bieten Sie ihm ein Futtersuchspiel an, powern Sie ihn aus. Als Belohnung erhält er dann einen selbst gemachten leckeren Snack. Und danach Mieze Zeit geben, sich zu putzen und auszuruhen. Dann haben Sie eine glückliche, zufriedene und satte Katze zu Hause.

Feine **Krabben-Häufchen**

Zutaten

20	kleine geschälte Krabben
4	EL Magerquark
1	TL frisch gehackte Kräuter (Salbei und Petersilie)

So geht's

1. Krabben jeweils in kleine Stücke schneiden.

2. Krabbenstücke mit dem Quark und den Kräutern vermischen.

3. Mit einem Teelöffel kleine Häufchen servieren.

Die Zutaten reichen für drei bis vier Portionen.

Alternative
○ *Verwenden Sie statt der Krabben Lachs oder Thunfisch.*

Aufbewahrung
○ *Reste im Kühlschrank aufbewahren und spätestens nach zwei Tagen verfüttern (zimmerwarm).*

Ohne Kräuter geht's auch
Falls Ihre Katze Kräuter verschmäht, dann können Sie diese auch problemlos weglassen.

Fisch ist bei Katzen sehr beliebt – in jeglicher Form.

Verführerisches **Putenragout**

Zutaten

100 g Putenfleisch

....

1 kleine Mohrrübe

....

4 EL gekochten Reis

....

1 Ei

....

So geht's

1. Das Putenfleisch in der Pfanne braten, nicht zu kross.

2. Die Mohrrübe raspeln.

3. Den Reis mit dem Ei vermischen.

4. Das abgekühlte Putenfleisch klein schneiden, mit der Mohrrübe, dem Reis und dem Ei vermischen.

5. Mit einem Teelöffel der Katze kleine Portionen zum Fressen anbieten.

Die Zutaten reichen für drei bis vier Portionen.

....

Alternative
- *Peppen Sie den Snack durch einen Teelöffel frisch gehackter Kräuter auf, beispielsweise mit Salbei oder Katzenminze.*
- *Anstatt des Putenfleisches können Sie auch Rind- oder Lammfleisch nehmen.*

....

Aufbewahrung
- *Reste im Kühlschrank aufbewahren und spätestens nach zwei Tagen verfüttern (zimmerwarm).*

....

Kater Sunny Boy **wartet schon sehnsüchtig auf das fertige Ragout.**

Leckerer **Rinderburger**

Zutaten

100	g Rinderhackfleisch
1	Ei
1	EL Reis
½	kleine Mohrrübe
2	EL Wasser
2	EL Leberwurst
4	Scheiben Vollkorntoast

So geht's

1. Rinderhackfleisch in der Pfanne anbraten, Ei untermischen.

2. Reis kochen, abkühlen lassen, Mohrrübe raspeln, beides mit Wasser vermischen.

3. Abgekühltes Rinderhackfleisch mit Reis und Mohrrübe mischen.

4. Leberwurst auf Toastbrot schmieren.

5. Rinderhack-Mix auf Toastbrotscheibe verteilen, zusammenklappen.

6. Scheiben in kleine Stücke schneiden, auf Teller servieren.

Die Zutaten reichen für zehn bis zwölf Toast-stückchen.

Alternative
○ *Sie können anstatt des Rinderhackfleischs auch Lammhackfleisch verwenden.*

Aufbewahrung
○ *Reste im Kühlschrank aufbewahren, am nächsten Tag (zimmerwarm) verfüttern.*

Leberwurst schmeckt **auch pur tierisch lecker.**

Puten-Leber-**Röllchen**

Zutaten

50 g frische Hühnerleber

....

2 Scheiben Putenwurst (ungewürzt)

....

2 EL Leberwurst

....

1 TL klein gehackte Petersilie

....

Hier geht's um die Wurst …
Wenn Sie Ihrer Katze Medikamente
verabreichen müssen, können Sie diese
ausgezeichnet in einem Röllchen verstecken oder einfach in die Puten-
wurstscheibe drücken.

So geht's

1. Die Hühnerleber in kleine Stücke schneiden,
dann in der Pfanne braten, nicht zu kross.

2. Hühnerleberstücke abkühlen lassen.

3. Die Putenwurstscheiben mit Leberwurst bestreichen und dann die Hühnerleberstücke darauf
verteilen.

5. Bestrichene und belegte Putenwurstscheiben
vorsichtig zusammenrollen.

6. Zwei Puten-Leber-Röllchen auf einem Teller der
Katze zum Verköstigen anbieten.

Die Zutaten reichen für zwei bis drei Portionen.

....

Alternative
o *Mag Ihre Katze gerne Joghurt oder Quark, können Sie
die Leber damit noch verfeinern.*
o *Verschmäht Ihre Katze Leberwurst, lassen Sie diese
einfach weg.*

....

Aufbewahrung
o *Reste im Kühlschrank aufbewahren und spätestens
nach zwei Tagen verfüttern (zimmerwarm).*

....

Welch genussvoller Katzenblick!

Lachs-Leckerbissen

Zutaten

100	g Lachs (tiefgefroren)
2	kleine Kartoffeln
1	TL Katzenminze
2	EL Magerquark
1	TL Öl

So geht's

1. Den Lachs auftauen lassen.

2. Kartoffeln weich kochen, abkühlen lassen.

3. Katzenminze klein hacken oder schneiden.

4. Lachs in kleine Stücke schneiden und in der Pfanne mit Öl braten. Danach abkühlen lassen.

5. Kartoffeln mit Gabel zerdrücken, Lachsstücke, Quark, Öl und Katzenminze hinzufügen.

6. Mit einem Teelöffel der Katze auf einem Teller kleine Leckerbissen servieren.

Die Zutaten reichen für vier bis fünf Portionen.

Alternative
o *Anstatt des tiefgekühlten Lachses können Sie auch frischen verwenden.*
o *Die Katzenminze lässt sich auch durch frische Petersilie oder Salbei bzw. durch klein gehackte, tiefgefrorene Kräuter ersetzen.*
o *Wenn Ihre Katze Leberwurst mag, können Sie einen Teelöffel hinzufügen.*

Aufbewahrung
o *Reste im Kühlschrank aufbewahren und spätestens nach zwei Tagen verfüttern (zimmerwarm).*

Eiweißreiche Leckerbissen **mit Lachs veredelt.**

Frischer **Fleischwurstsalat**

Zutaten

4	Scheiben Putenwurst (ungewürzt)
1	EL Magerquark
2	EL Katzenmilch
1	TL klein geschnittenes Katzengras

So geht's

1. Die Putenwurstscheiben in kleine Stücke schneiden.

2. Den Quark mit der Katzenmilch in einer Schüssel vermengen.

3. Katzengras klein schneiden, unter den Quark und die Milch mischen.

4. Putenwurststreifen hinzufügen.

5. Mit einem Esslöffel der Katze kleine Häufchen zum Schnabulieren anbieten.

Die Zutaten reichen für drei bis vier Portionen.

Alternative
o *Anstatt des Katzengrases können Sie auch Kräuter wie Petersilie oder Katzenminze verwenden.*

Aufbewahrung
o *Reste im Kühlschrank aufbewahren und spätestens nach zwei Tagen verfüttern (zimmerwarm).*

Mit Teelöffeln **lassen sich kleine Häufchen am besten formen.**

Wohlschmeckendes **Hühner-Sushi**

Zutaten

4 *frische Hühnerherzen*

....

2 *frische Lachsscheiben*

....

2 *EL Magerquark*

....

So geht's

1. Die Hühnerherzen durchschneiden, Lachscheiben klein schneiden.

2. Kleine Lachsscheiben mit Quark bestreichen.

3. Hühnerherzenstücke und bestrichene Lachsscheiben zusammenfügen.

4. Hühner-Sushi-Stücke der Katze zum Vernaschen anbieten.

Die Zutaten reichen für drei bis vier Portionen.

....

Alternative
○ *Sie können anstatt des Lachses auch Thunfisch verwenden.*
○ *Peppen Sie den Quark durch klein gehackte Kräuter auf.*

....

Aufbewahrung
○ *Reste im Kühlschrank aufbewahren und spätestens nach zwei Tagen verfüttern (zimmerwarm).*

....

Schmeckt einfach lecker, dieses Sushi!

Eat and **enjoy**

Intro

Genussvoll genießen – Rezepte mit Anspruch

Katzen sind sehr eigen und demnach recht anspruchsvoll. Das Schöne am Selbermachen ist, dass Sie als Halter genau wissen, was in den Snacks steckt und vor allem, dass sie gesund sind. Das bringt auch Abwechslung beim Füttern. Wenn Sie hochwertige Zutaten wie beispielsweise Bio-Fleisch kaufen, können Sie davon ausgehen, dass Ihre hergestellten Happen eine gute Qualität aufweisen und für Ihre Katze verträglich sind. Auch der Tierschutzgedanke spielt hier eine Rolle. Probieren Sie in Ihrer Küche einfach mal ein paar Zutaten aus, Ihre Fellnase wird Ihnen schnell zeigen, welche Snacks sie am liebsten verzehrt.

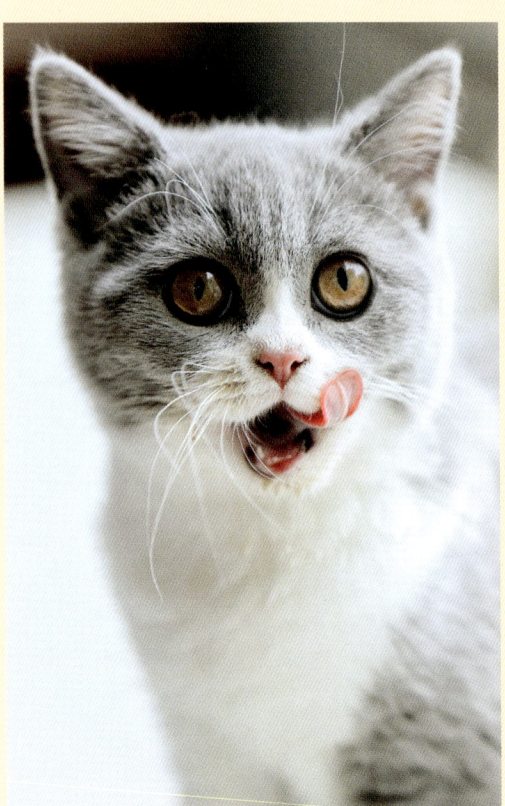

Nur gesunde Katzen sind glücklich.

Dürfen Katzen Milch trinken?

Das Bild der milchschlabbernden Katze ist bekannt. Doch Vorsicht! Milch kann Probleme bereiten: Den meisten erwachsenen Katzen fehlt nämlich Lactase, also ein bestimmtes Enzym, um Milch problemlos verdauen zu können. Diese Tiere können demnach den Milchzucker (Lactose) nicht verstoffwechseln, das kann dann zu Magen- und Darmproblemen wie Bauchschmerzen und Durchfall führen. Fast alle Rezepte hier im Buch sind Milch- und Sahnefrei. Am besten ist es, wenn Sie Milch mit Wasser verdünnen oder Katzenmilch aus dem Handel nehmen.

Futtermittelunverträglichkeit

Futtermittelunverträglichkeiten zeigen sich bei Katzen vor allem sowohl durch Störungen des Verdauungstraktes (Erbrechen, Durchfall und Blähungen) als auch durch Hautveränderungen. Neben der oben genannten Lactoseintoleranz gibt es zudem Katzen, die auf das in vielen Getreidesorten enthaltene Protein Gluten empfindlich reagieren. In solchen Fällen ist es besonders wichtig, daß Sie alle Zutaten für Ihren Liebling noch sorgfältiger aussuchen, indem Sie nur Produkte verwenden, die als glutenfrei gekennzeichnet sind. Ihr Tierarzt kann Ihnen dazu auf jeden Fall ausführliche Informationen geben.

Tipps für alte Katzen

Ab etwa dem 10./12. Lebensjahr kommt Ihre Katze so langsam in die Jahre. Ihre Bewegungen werden langsamer, das Schnäuzchen grauer, ihre Schlafzeiten verlängern sich, und der Stoffwechsel wird träger. Auch ihr Gebiss ist möglicherweise nicht mehr ganz so intakt. Wichtig ist jetzt, die Katze regelmäßig vom Tierarzt durchchecken zu lassen, sodass sie in Würde altern kann. Also ohne Schmerzen und vor allem ohne Appetitlosigkeit, weil vielleicht die Zähne lose sind und das Zahnfleisch entzündet ist.

Saftige Snacks **sind immer willkommen.**

Katzen spielen **gerne und haben sich danach einen Leckerbissen verdient.**

Ihre ältere Katze braucht jetzt ganz besondere Zuwendung. Wie wäre es in Form von schmackhaften, gut verdaulichen Leckerbissen? Bei ihr sollten Sie auf leichte Kost achten, beispielsweise Snacks mit Joghurt, Quark oder Frischkäse. Auf den folgenden Seiten finden Sie Rezepte von tierisch köstlichen Blitz-Gerichten, die Sie Ihrer grauen Eminenz täglich beißfreundlich servieren können.

Tipps für junge Katzen

So wie die Katzen-Omas und -Opas brauchen junge Samtpfoten, auch Kitten oder Welpen genannt, ebenfalls wohlschmeckende Leckereien mit Anspruch. Denn gesunde Ernährung bildet den Grundstein für ein zufriedenes, langes Katzenleben. Die meisten Jungtiere sind ca. 10–12 Wochen alt, wenn sie abgegeben werden und in ein neues Zuhause kommen. Bei Kitten ist der Energie-, Eiweiß- und Vitaminbedarf sehr hoch, somit ist es wichtig, ihnen hochwertige Zutaten anzubieten. Rund 90 % der Energie benötigen die Katzenkinder für ihr Wachstum, und der Wasserbedarf ist bei ihnen um rund 50 % höher als der einer ausgewachsenen Katze. Somit finden Sie in diesem Kapitel vor allem viele saftige Snack-Rezepte mit viel Joghurt und Quark. Wohlschmeckend sowohl für rüstige Rentner-Katzen, aber auch für verspielte Schnurrbabys. Wichtig bei allen Bissen: Nie etwas Gezuckertes oder Gesalzenes hinzufügen. Süßes und Gewürztes ist für Katzen grundsätzlich tabu!

Schmackhafte **Kräuter-Scheiben**

Zutaten

3 *EL Vollkornmehl*

1 *EL Katzenmilch*

1 *EL Leitungswasser*

1 *EL frisch gehackte Kräuter*
(z. B. Petersilie, Basilikum, Katzenminze)

1 *Ei*

2 *EL Katzendosenfutter*

So geht's

1. Alle Zutaten mit einem Handmixer verrühren.

2. Den Teig ganz dünn in eine beschichtete Pfanne geben, wie einen Pfannkuchen bzw. Crêpe ausbacken, danach auf einem Teller auskühlen lassen.

4. Dosenfutter mit einem Messer auf dem Pfannkuchen verteilen.

5. Den Pfannkuchen vorsichtig zusammenrollen und in kleine Scheiben schneiden.

Die Zutaten reichen für drei bis vier Portionen.

Alternative
o *Sie können auch 1 EL feine Haferflocken hinzufügen, dann wird der Teig etwas dicker und gehaltvoller.*
o *Wenn Sie keine Katzenmilch vorrätig haben, fügen Sie stattdessen weitere 2 EL Leitungswasser hinzu.*

Aufbewahrung
o *Reste im Kühlschrank aufbewahren und spätestens nach zwei Tagen verfüttern (zimmerwarm).*

So ein Pfannkuchen **ist schnell zubereitet.**

Thunfisch-Reis-**Happen**

Zutaten

80	g Thunfisch natur aus der Dose (ungewürzt)

....

2	EL Reis

....

2	EL warmes Leitungswasser

....

1	EL Magerquark

....

1	TL geschnittenes Katzengras

....

Ach du dickes Ei
Wenn Ihre Katze gerne frische Eier schlabbert, können Sie gerne eins hinzufügen.

So geht's

1. Thunfisch klein schneiden.

2. Reis kochen, abkühlen lassen.

3. Thunfischstücke und Reis miteinander vermengen.

3. Katzengras, Wasser und den Quark unterheben.

4. Mit einem Teelöffel ein bis zwei kleine Happen auf einem Teller servieren.

Die Zutaten reichen für zwei Portionen.

....

Aufbewahrung
o *Reste im Kühlschrank aufbewahren und spätestens nach zwei Tagen verfüttern (zimmerwarm).*

....

Saftig und gehaltvoll: Der Katze wird's schmecken.

Saftige **Hühnchen-Taler**

Zutaten

100 g Hühnerfleisch

2 EL Dinkelflocken

2 EL Naturjoghurt

1 TL Olivenöl

2 EL warmes Leitungswasser

Fünf kleine Häufchen entsprechen einer **Portion.**

So geht's

1. Das Hühnerfleisch kochen oder ein gegrilltes halbes Hühnchen kaufen und vom zarten Innen-fleisch 100 g entnehmen.

2. Die Dinkelflocken etwa 20 Min. im Joghurt einweichen.

3. Hühnerfleisch, Joghurt, Dinkelflocken mit dem Öl mischen und das Wasser hinzufügen.

4. Mit zwei Teelöffeln kleine Haufen formen, platt drücken und der Katze die Taler zum Naschen anbieten.

Die Zutaten reichen für vier bis fünf Portionen.

Alternative
- *Ersetzen Sie den Joghurt durch Magerquark oder mischen beides: 1 EL Joghurt, 1 EL Magerquark.*
- *Verwenden Sie statt der Dinkelflocken Haferflocken.*
- *Wenn Ihre Katze gerne Kräuter frisst, fügen Sie einen Teelöffel Kleingehacktes hinzu.*

Aufbewahrung
- *Reste im Kühlschrank aufbewahren und spätestens nach zwei Tagen verfüttern (zimmerwarm).*

Erlesener **Fisch-Kartoffel-Snack**

Zutaten

50	g Thunfisch natur oder aus der Dose (ungewürzt)
2	frische Lachsscheiben
1	kleine Kartoffel
1	EL Magerquark
2	EL Katzenmilch

So geht's

1. Thunfisch und Lachs in kleine Stücke schneiden.

2. DIe Kartoffel weich kochen, abkühlen lassen und schälen.

3. Die Kartoffel in einer Schale mit der Gabel zerdrücken.

4. Alle Zutaten mischen.

5. Mit einem Esslöffel der Katze kleine Portionen anbieten, Schnurren garantiert.

Die Zutaten reichen für zwei bis drei Portionen.

Alternative

o Sie können auch einen Teelöffel frisch gehackte Kräuter hinzufügen, beispielsweise Petersilie oder Katzenminze.

o Wenn Ihre Katze keine Kartoffeln mag, lassen Sie diese einfach weg. Oder Sie ersetzen sie durch 2 EL gekochten Reis.

Aufbewahrung

o Reste im Kühlschrank aufbewahren und spätestens nach zwei Tagen verfüttern (zimmerwarm).

Garantiert lecker! Der Fisch duftet hier am stärksten.

Hühner-Knöpfchen à la Sasu

Zutaten

100	g frisches Hühnerfleisch
4	frische Hühnerherzen
½	Mohrrübe
2	EL gekochten Reis
2	EL Sahne- oder Magerquark

Ohne Herzen geht es auch …
Wenn Sie keine Hühnerherzen verwenden möchten, ersetzen Sie diese einfach durch 150 g zusätzliches Hühnerfleisch.

So geht's

1. Das Hühnerfleisch und die Hühnerherzen in der Pfanne anbraten, nicht zu kross.

2. Die Mohrrübe raspeln.

3. Den Reis mit der geraspelten Mohrrübe vermischen.

4. Das abgekühlte Hühnerfleisch und die Hühnerherzen klein schneiden, mit der Mohrrübe und dem Reis vermischen.

5. Zum Schluss den Quark unterheben.

6. Der Katze mit einem Teelöffel auf einem Teller kleine Knöpfchen formen.

Die Zutaten reichen für vier bis fünf Portionen.

Aufbewahrung
o *Den Rest im Kühlschrank aufbewahren und spätestens nach zwei Tagen verfüttern (zimmerwarm).*

Nudeliger **Puten-Imbiss**

Zutaten

100	g Putenfleisch
1	Handvoll Penne
½	Mohrrübe
1	EL Naturjoghurt
2	Scheiben Putenwurst (ungewürzt)

So geht's

1. Das Putenfleisch in der Pfanne braten, nicht zu kross.

2. Die Nudeln weich kochen.

3. Die ½ Mohrrübe raspeln.

4. Das abgekühlte Putenfleisch klein schneiden, mit der Mohrrübe und dem Joghurt in einer Schüssel vermischen.

5. Die abgekühlten Nudeln klein schneiden, ebenfalls die Putenwurstscheiben, beides hinzufügen.

6. Auf verschiedenen kleinen Tellern mehrere Portionen in der Wohnung verteilen, die Katze suchen und schmecken lassen.

Die Zutaten reichen für fünf bis sechs Portionen.

Alternative
o *Kochen Sie das Fleisch statt es anzubraten.*
o *Sie können anstatt des Joghurts auch Quark verwenden.*
o *Falls Ihre Katze keine Nudeln mag, ersetzen Sie diese durch Reis.*

Aufbewahrung
o *Reste im Kühlschrank aufbewahren und spätestens nach drei Tagen verfüttern (zimmerwarm).*

Alle Zutaten möglichst klein geschnitten – das mögen Katzen besonders gerne.

Flüssiger **Cat-Shake**

Zutaten

2	Scheiben frischen Lachs
4	Hühnerherzen
2	EL gekochten Reis
8	EL Naturjoghurt
2	EL Sahnequark
1	EL Petersilie und Katzenminze
4	EL Leitungswasser

Garantiert altersgerecht
Dieser Shake ist gerade für alte Katzen, denen eventuell bereits ein paar Zähne fehlen, perfekt geeignet. Aber auch Kitten lieben diesen flüssigen Snack.

So geht's

1. Die Lachsscheiben klein schneiden.

2. Klein geschnittene Lachsscheiben, Hühnerherzen und alle weiteren Zutaten in einen Mixer geben (oder mit Mixstab zerkleinern).

3. Wasser hinzufügen, nochmals mixen.

4. Cat-Shake in einer Schüssel der Katze zum Schlappern anbieten.

Die Zutaten reichen für drei bis vier Portionen.

Alternative
o *Möchten Sie den Shake noch flüssiger, fügen Sie weiteres Wasser hinzu.*
o *Variieren Sie die Fleisch- und Fischart.*
o *Wenn Sie kein Fleisch und keinen Fisch mixen möchten, können Sie auch Püriertes beispielsweise in Babygläschen kaufen, mit Reis, Joghurt sowie Kräutern aufpeppen und mit Wasser verlängern.*

Aufbewahrung
o *Reste im Kühlschrank aufbewahren und spätestens nach zwei Tagen verfüttern (zimmerwarm).*

Spezial

Snacks als Geschenke

Selbst gebackene Katzenleckerbissen werden nicht nur von Ihrer eigenen Samtpfote gerne vernascht, sondern können auch prima verschenkt werden. Sind Sie bei einem Katzenliebhaber eingeladen? Dann verpacken Sie doch auf tierisch schöne Weise Ihre Kreationen und ruckzuck haben Sie ein originelles Mitbringsel dabei. Aber auch zum Geburtstag, zu Weihnachten oder zu Ostern sind Katzenkekse immer ein willkommenes Geschenk – für unsere Vierbeiner, aber auch für Katzenbesitzer.

Tierisch kreativ

Seien Sie nicht nur in der Küche tierisch kreativ, sondern weiten Sie Ihre Ideen etwas aus. Hier finden Sie ein paar Anregungen, wie Sie Ihre knusprigen Katzensnacks fantasievoll verpacken können. Und denken Sie dabei nicht nur an die Tiere, sondern auch an ihre Besitzer. Genascht wird doch überall gerne …

Mit kleinen Anhängern oder Aufklebern lassen sich die beiden Tüten prima unterscheiden.

Intelligenzspielzeug mit Nährwert.

Katzenlabyrinth aus Karton: Nehmen Sie dafür einfach ein Stück Pappe, bekleben Sie dieses mit zwei Toilettenpapierrollen und einer Eierpappschachtel (lösungsmittelfreier und geruchsloser Klebstoff), beschriften Sie das Labyrinth mit dem Katzennamen und legen Sie eine lecker gefüllte Katzenkekstüte dazu. Bei diesem Geschenk ist Spiel, Spaß und Spannung garantiert!

Doppelt schmeckt's besser: Hier werden sowohl Vier- als auch Zweibeiner köstlich verwöhnt. Denn die eine Tüte ist mit feinen Katzen-Happen gefüllt, die andere mit süßen Plätzchen für Frauchen & Co. Gut zu erkennen: Die Plätzchen in Katzenform sind deutlich größer. Mieze würde sie gar nicht gerne verkosten.

Praktisch und lecker: Zum Einpacken müssen es nicht immer Tüten sein. Sie können aus Papier oder auch aus Stoff einen Fisch basteln, der später als eine Art Spiel-Raschel-Handschuh dienen soll. Als Geschenk befüllen Sie ihn mit duftenden Katzenkeksen.

Mit Liebe zum Detail.

Riemen als Lockmittel: Dafür nehmen Sie ein Stück festen Stoff, schneiden Sie daraus einen ca. 1 m langen Streifen ab (Breite: ca. 3 cm) und stechen mit einer spitzen Schere in gleichem Abstand kleine Löcher hinein. In diese stecken Sie dann die Katzenkekse. Fertig ist ein verlockendes Katzengeschenk. Alternativ können Sie statt Stoff auch Leder verwenden, darin halten sich die Katzenkekse noch besser.

Für Katze und Besitzer gleichermaßen schön: Mit diesem Stoffstreifen können Frauchen & Co. die Katze locken und mit ihr spielen.

Service

Zum Weiterlesen

Götz, Eva-Maria: Wohnen mit Katze. Geschmackvoll, kuschelig, praktisch. Verlag Eugen Ulmer, Stuttgart 2006

Kurschus, Andrea: Meine Katze versteht mich. Wie uns die Spiegelneuronen verbinden. Verlag Eugen Ulmer, Stuttgart 2015

Landwerth, Lena/Jessica Rohrbach: Ihr Hobby Wohnungskatzen. Verlag Eugen Ulmer, Stuttgart 2011

Laukner, Anna: Katzen richtig füttern. Verlag Eugen Ulmer, Stuttgart 2013

Über die Autorin

Valentina Kurscheid ist Fernsehjournalistin, Fotografin und Buchautorin. Sie arbeitet für das ZDF und den WDR als Redakteurin, Reporterin und Autorin und realisiert vor allem TV-Beiträge rund um Tiere. Außerdem ist sie im Tierschutz aktiv. Aufgewachsen ist die Kölnerin mit 24 Katzen und vielen anderen Haustieren. Sie liebt es, den Tieren selbst etwas zu kochen und zu backen. Ihr Motto dabei: lecker und vor allem artgerecht.

Mehr über die Autorin unter www.valentina-kurscheid.de

Dank der Autorin

Ohne die wunderbaren Katzen wäre dieses Buch nicht so schön geworden: Ich bedanke mich bei Sunny Boy, Sasu, Kiba, Tabea und Tyler. Tierisch lieben Dank auch deren Besitzern und Züchtern: Anna Stier und Jörg Döring aus Köln. Mit viel Geduld und Liebe haben wir zwei wundervolle Shooting-Tage verbracht. An diesen waren zudem folgende fleißige Snack-Zubereiter beteiligt: Kirsten Payano mit Cosima und Leoni und Dr. Karsten Behle mit Marion, Pauline und Emma. Euch ebenfalls tierisch lieben Dank! Die Rezepte wurden alle von Tierärztin Dr. Katja Beyer aus Düsseldorf überprüft und von zahlreichen Stubentigern getestet. Auch hierfür bedanke ich mich herzlich.

Bildnachweis

Alle Fotos im Innenteil und auf der Umschlagrückseite stammen von Valentina Kurscheid.
Titelbild: Tina Rencelj/Shutterstock.com (groß) und Valentina Kurscheid (klein).

Impressum

Bibliografische Information der Deutschen Nationalbibliothek
Die Deutsche Nationalbibliothek verzeichnet diese Publikation in der Deutschen Nationalbibliografie; detaillierte bibliografische Daten sind im Internet über http://dnb.d-nb.de abrufbar.

Hinweis: Der Verlag Eugen Ulmer ist nicht verantwortlich für die Inhalte der im Buch genannten Websites.

© 2015 Eugen Ulmer KG
Wollgrasweg 41, 70599 Stuttgart (Hohenheim)
E-Mail: info@ulmer.de
Internet: www.ulmer-verlag.de

Lektorat: Gabi Franz, Kathrin Gutmann
Herstellung: Ulla Stammel
Umschlagentwurf und Innenlayout: Sojus Design, Kai Twelbeck
Satz: r&p digitale medien, Echterdingen
Druck und Bindung: Litotipografia Alcione, Lavis
Printed in Italy

ISBN 978-3-8001-1263-0

Hinweis:
Die Angaben in diesem Buch erfolgten nach bestem Wissen und Gewissen. Da die Reaktion von Katzen auf Nahrungsmittel jedoch individuell verschieden sein kann, ist darauf zu achten, ob eventuell Anzeichen für eine mögliche Unverträglichkeit auftreten.